Bibliografische Information der Deutschen Nationalbibliothek:

Die Deutsche Bibliothek verzeichnet diese Publikation in der Deutschen National-
bibliografie; detaillierte bibliografische Daten sind im Internet über http://dnb.d-
nb.de/ abrufbar.

Impressum:

Copyright © 2011 GRIN Verlag, Open Publishing GmbH
Druck und Bindung: Books on Demand GmbH, Norderstedt Germany
ISBN: 978-3-668-13978-7

Frederik Geier

Risiken und Herausforderungen bei der Einführung des Cloud Computing

GRIN Verlag

Risiken und Herausforderungen bei der Einführung des Cloud Computing

Frederik Geier

Inhaltsverzeichnis

Abkürzungsverzeichnis

ASP..................... Engl.: application service provider

CIP..................... Eng.: continuous improvement process

CRM .... Kundenbeziehungsmanagement (engl.: customer relationship management)

DSL .... Engl.: digital subscriber line

ERP.................... Engl.: enterprise resource planning

GB .... Engl.: Gigabyte

HTTP................. Engl.: hypertext transfer protocol

HTTPS............... Engl.: hypertext transfer protocol secure

IaaS.................... Engl.: Infrastructure as a Service

IBM .... International Business Machines Corporation

IT .... Informationstechnik (engl.: information technology)

KVP................... Kontinuierlicher Verbesserungsprozess

KVM.................. Kontinuierliches Verbesserungsmanagement

LAN................... Lokales Netzwerk (engl.: local area network)

NIST .... National Institute of Standards and Technology (USA)

PaaS................... Engl.: Platform as a Service

PDA.................... Engl.: personal digital assistant

PDCA .... Engl.: Plan, Do, Check, Act

RFID.................. Engl.: radio-frequency identification

SaaS................... Engl.: Software as a Service

SAN................... Engl.: storage area network

SLA .... Service Level Agreement

SOA................... Serviceorientierte Architekturen (engl.: service-oriented architecture)

SSD.................... Engl.: solid state disk

StaaS................. Engl.: Storage as a Service

TB...................... Engl.:Terabyte

TCO................... Engl.: Total Cost of Ownership

UML.................. Engl.: Unified Modeling Language

VM .... Virtuelle Maschine (engl.: virtual machine)

VMM.................. Engl.: virtual machine manager

VPN................... Virtuelles privates Netz (engl.: virtual private network)

WSDL................ Engl.: Web Service Description Language

WSLA................ Engl.: Web Service Level Agreement

XML................... Engl.: extensible markup language

Glossar

Application Service Provider:

> „Dienstleistungsanbieter …, bei denen Anwendungsprogramme über das Internet durch die Anwender für eine bestimmte Zeit gemietet werden können. Die Anwendungen werden vom Server des A. S. P. [hier als Abkürzung für Application Service Provider] aus gestartet (Client-/Server-Architektur). Einnahmen generiert der A. S. P. durch zeitabhängige Gebühren, die für den Zugriff auf die Software berechnet werden."[1]

Benutzerservice:

> „Betreuung der Benutzer im Umgang mit Anwendungssystemen, insbesondere Officepaketen und dem Internet".[2]

Betriebssystemvirtualisierung:

> Hierbei werden von einem Betriebssystem mehrere unabhängige virtuelle Instanzen erstellt. Dabei verwenden alle Instanzen das gleiche Basisbetriebssystem. Dadurch wird sowohl die Art der installierbaren Anwendungssoftware, aber auch die Betriebssysteme, die installiert werden können, eingeschränkt.[3]

Business Continuity:

> „Alle organisatorischen, technischen und personellen Maßnahmen, die a) zur Fortführung der Kerngeschäfte unmittelbar nach Eintritt des Krisenfalles und b) zur sukzessiven Wiederaufnahme des gesamten Geschäftsbetriebs bei länger andauernden schweren Störungen dienen."[4]

Datenintegrität:

> In „der Datenbankorganisation (Datenorganisation) die Korrektheit der gespeicherten Daten im Sinn einer widerspruchsfreien und vollständigen Abbildung der relevanten Aspekte des erfassten Realitätsausschnitts."[5]

Entwicklungsumgebung: Eine Anwendung zur Entwicklung von Software.

---

[1] *Alisch, Katrin/Arentzen, Ute/Winter, Eggert (Hrsg.)*, Gabler Wirtschaftslexikon, Gabler Verlag, Wiesbaden, 16. Aufl. 2004, Band A-Be, S. 143.

[2] Vgl. *Stahlknecht, Peter/Hasenkamp, Ullrich*, Einführung in die Wirtschaftsinformatik, Springer, Berlin und Heidelberg, 11. Aufl. 2005, S. 449.

[3] Siehe *Krcmar, Helmut*, Informationsmanagement, Springer-Verlag, Berlin und Heidelberg, 5. Aufl. 2010, S. 318 und *Shields, Greg*, Der schnelle Weg zur Wahl der richtigen Virtualisierungslösung, http://www.parallels.com/r/pdfs/vz/ebook/SGSRVS-DE.pdf (2010-08-03, 17:20 MEZ), S. 5-6.

[4] *Gabler Verlag (Hrsg.)*, Gabler Wirtschaftslexikon, Stichwort: Business Continuity, Version 5, http://wirtschaftslexikon.gabler.de/Definition/business-continuity.html (2011-02-22, 11:53 MEZ).

[5] *Alisch, Katrin/Arentzen, Ute/Winter, Eggert (Hrsg.)*, Gabler Wirtschaftslexikon, Gabler Verlag, Wiesbaden, 16. Aufl. 2004, Band Bf-E, S. 653.

Extensible Markup Language:

Extensible Markup Language (XML) ist eine Auszeichnungssprache, mit der Daten in hierarchisch strukturierten Form abgebildet werden. XML ist plattform- und programmiersprachenunabhängig und wird zum Austausch von Daten zwischen Computersystemen eingesetzt.

Funktionale Anforderungen:

Begriff aus dem Software Engineering. Nach Sommerville sind dies „Aussagen, zu den Diensten, die das [zu planende] System leisten sollte, zur Reaktion des Systems auf bestimmte Eingaben und zum Verhalten des Systems in bestimmten Situationen. In manchen Fällen können die funktionalen Anforderungen auch explizit ausdrücken, was das System nicht tun soll."[6]

Hypervisor:

Eine Virtualisierungssoftware, die in einer isolierten, virtuellen Umgebung, die man virtuelle Maschine nennt, die Hardware eines Rechners zur Verfügung stellt. Dies kann entweder durch die Emulation der Hardware oder durch die Virtualisierung der realen Hardware geschehen.

IT-Verteilung:

Festlegung der informationstechnischen, räumlichen bzw. geografischen und organisatorischen Verteilung von IT-Ressourcen.[7]

Konsolidierung von IT-Infrastrukturen:

Das Ziel der Konsolidierung ist es, die Kosten der IT-Infrastrukturen zu senken. Man kann zwischen vier Teilaspekten unterscheiden:

- Harmonisierung und Standardisierung von Hard- und Software

- Virtualisierung von Hard- und Software

- Zusammenfassung von verteilten Rechenzentren

- Outsourcing von Teilen der IT-Infrastruktur

---

[6] *Sommerville, Ian*, Software Engineering, Pearson Studium, München, 8. Aufl. 2007, S. 152.

[7] Vgl. *Stahlknecht, Peter/Hasenkamp, Ullrich*, Einführung in die Wirtschaftsinformatik, Springer, Berlin und Heidelberg, 11. Aufl. 2005, S. 440.

Nichtfunktionale Anforderungen:

Begriff aus dem Software Engineering. Nach Sommerville sind dies „Beschränkungen der durch das [zu planende] System angebotenen Dienste oder Funktionen. Das schließt Zeitbeschränkungen, Beschränkungen des Entwicklungsprozesses und einzuhaltende Standards ein. Nichtfunktionale Anforderungen beziehen sich oft auf das ganze System und gewöhnlich nicht auf einzelne Systemfunktionen oder Dienste."[8]

Skalierbarkeit:

Dynamische Anpassung der zu beziehenden IT-Ressourcen an variierende Anforderungen.[9]

SOAP:

Ein plattform- und programmiersprachenunabhängig Protokoll, das zum Austausch von XML-Nachrichten zwischen Computersystemen eingesetzt wird.

Thin Client:

Ein, im Verhältnis zu einem PC-Rechner, kleines Endgerät bei dem die Datenverarbeitung und Rechenleistung über einen Server erbracht wird, mit dem der Thin Client über eine Remote-Desktop-Verbindung verbunden ist.[10]

Unified Modeling Language:

Eine Beschreibungssprache zur grafischen Darstellung von Softwareprogrammen und Informationssystemen. Diese können mit UML modelliert, spezifiziert und dokumentiert werden.

Virtuelles privates Netz:

Über ein virtuelles privates Netz (engl. virtual private network; Abk.: VPN) können einzelne Rechner oder Netzwerke mit einem LAN verbunden werden. Dazu wird eine verschlüsselte Verbindung (Tunnel) über das Internet hergestellt. Zwischen zwei LANs werden VPN-Verbindungen meistens über Firewalls hergestellt.

---

[8] *Sommerville, Ian*, Software Engineering, Pearson Studium, München, 8. Aufl. 2007, S. 152.

[9] Vgl. *Stanovska-Slabeva, Katarina/Wozniak, Thomas*, Cloud Basics – An Introduction to Cloud Computing, in: *Stanovska-Slabeva, Katarina/Wozniak, Thomas/Ristol, Santi (Hrsg.)*, Grid and Cloud Computing: A Business Perspective on Technology and Applications, Springer-Verlag, Berlin und Heidelberg, 1. Auflage 2010, S. 50.

[10] Vgl. *Knermann, Christian/Hiebel, Markus/Pflaum, Hartmut/Rettweiler, Manuela/Schröder, Andreas*, Studie: Ökologischer Vergleich der Klimarelevanz von PC und Thin Client Arbeitsplatzgeräten 2008, April 2008, http://it.umsicht.fraunhofer.de/TCecology/docs/TCecology2008_de.pdf (2010-07-23 17:35 MEZ), S. 10-11.

Einleitung

Kein anderes Thema der Informationstechnik weckt derzeit so große Erwartungen wie Cloud Computing. Dem aktuellen „Hype Cycle for Emerging Technologies" des Marktforschungsunternehmens Gartner zufolge, befindet sich Cloud Computing derzeit auf dem Höhepunkt überzogener Erwartungen.[11] In den Augen von Gartner bedeutet dies, dass Cloud Computing von den Massenmedien stark thematisiert wird, dass nach den Pionieren viele neue Anbieter auf den Markt drängen und dass es bereits erste negative Berichte über das Thema gibt.[12] Bisheriger Höhepunkt dieser Entwicklung war die vor wenigen Tagen zu Ende gegangene CeBit, die mit dem Schwerpunktthema „Work and Life with the Cloud" ganz im Zeichen des Cloud Computing stand. [13]

Für das Jahr 2010 prognostizierte Gartner weltweite Umsätze für Cloud-Dienstleistungen von 68,3 Milliarden US-Dollar. Bis 2014 sollten die Umsätze auf 148,8 Milliarden steigen.[14] Auch dies ist ein Indiz dafür, welche Erwartungen an den Bezug von Dienstleistungen aus der Datenwolke geknüpft werden. Kostensenkungen, keine fixen Kosten, Flexibilität und Konzentration auf die Kernkompetenz eines Unternehmens sind häufige Argumente, die als Vorteile der Cloud vorgetragen werden. Da überrascht es nicht, dass Anbieter die Entscheidung über die Frage des Fremdbezugs von Cloud-Diensten gerne auf einen einfachen Kostenvergleich reduzieren.

Aber dies ist eindeutig zu kurz gedacht, da bei der Entscheidung über Eigen- oder Fremdbetrieb von Cloud-Diensten vielfältigen Risiken und offene Herausforderungen berücksichtigt werden sollten. Falls diese Gefahren im Entscheidungsprozess nicht berücksichtigt werden, so besteht die Gefahr, dass das gewählte Informationssystem rechtliche Anforderungen oder Anforderungen der Anwender nicht erfüllt, was zu Folgekosten führen kann.

Um diese Aspekte bei der Entscheidungsfindung angemessen einzubeziehen, wurde für diese Arbeit eine Auswahl der vorhandenen Literatur systematisch nach Chancen, Risiken und Herausforderungen, die mit der Einführung von Cloud Computing verbunden sind, untersucht. Die auf diese Weise entstandenen Aufstellungen können zur Vorbereitung von Entscheidungen über Lösungsansätze genutzt werden, indem man die Chancen und Risiken von Cloud-Lösungen bewertet.

---

[11] Vgl. *Fenn, Jackie*, Hype Cycle - for Emerging Technologies, 2010, August 2010, http://www.gartnerinsight.com/download/HypeCycle_EmergingTechnologies2010.pdf (2011-01-31, 10:04 MEZ), S. 3-4.

[12] Vgl. *Fenn, Jackie/Gammage, Brian/Raskino, Mark*, Gartner's Hype Cycle Special Report for 2010, August 2010, http://www.gartner.com/resources/205800/205839/gartners_hype_cycle_special__205839.pdf (2010-11-04, 11:05 MEZ), S. 4.

[13] Siehe *Deutsche Messe AG (Hrsg.)*, Top-Thema der CeBIT 2011: "Work and Life with the Cloud", ohne Datum, http://www.cebit.de/de/ueber-die-messe/daten-und-fakten/die-cebit-2011/cloud-computing-top-thema (2011-03-05, 15:19 MEZ).

[14] Vgl. *Gartner, Inc (Hrsg.)*, Gartner Says Worldwide Cloud Services Market to Surpass \$68 Billion in 2010, Juni 2010, http://www.gartner.com/it/page.jsp?id=1389313 (2010-08-17, 15:31 MEZ).

1. Chancen- und Risiken

Im folgenden Kapitel werden Chancen und Risiken von Cloud Computing aufgeführt und untersucht. Diese werden systematisch den Bereichen Private und Public Cloud Computing, sowie den Dienstleistungen Infrastructure as a Service, Platform as a Service und Software as a Service zugeordnet.

1.1. Private Cloud Computing

- Chancen:

    1 Geringere Investitionen und Betriebskosten durch die Konsolidierung der IT-Infrastruktur.[15]

    2 Das Modell der standardisierten Dienstleistungen des Private Cloud Computing erleichtert die Freigabe von Ressourcen (z.B. virtuellen Maschinen, Speicherplatz, Postfächern), die nicht mehr benötigt werden. Nach Vogels tendieren die verantwortlichen Mitarbeiter in traditionellen IT-Infrastrukturen dazu, nicht mehr benötigte Ressourcen (z.B. Server oder Software) nicht für die Verwendung in anderen Unternehmensbereichen zur Verfügung zu stellen. [16]

    3 Bessere Lastenverteilung als bei traditionellen IT-Infrastrukturen. [17]

    4 Weil Daten nur zentral in der Cloud gespeichert werden, ist die Gefahr, dass Unbefugte Zugriff darauf erhalten oder die Daten mit Schadsoftware infiziert werden, geringer.[18]

    5 In einer Private Cloud ist es einfacher Ereignisprotokolle nach den Bedürfnissen des Leistungsbeziehers zu konfigurieren, Beweismittel zu sichern und detaillierte Zugriffsrechte zu vergeben.[19]

---

[15] Vgl. *Vogels, Werner*, Beyond Server Consolidation, in: Queue, Band 6, Januar/Februar 2008, Heft 1, S. 21-22 und 24; Zum Aspekt des Stromsparens durch Konsolidierung siehe *U.S. Environmental Protection Agency ENERGY STAR Program*, Report to Congress on Server and Data Center Energy Efficiency: Public Law 109-431, 2.August 2007, http://www.energystar.gov/ia/partners/prod_development/downloads/EPA_Datacenter_Report_Congress_Final1. pdf (2010-08-11, 10:48 MEZ), S. 51-53.

[16] Vgl. *Vogels, Werner*, Beyond Server Consolidation, in: Queue, Band 6, Januar/Februar 2008, Heft 1, S. 24.

[17] Vgl. *Vogels, Werner*, Beyond Server Consolidation, in: Queue, Band 6, Januar/Februar 2008, Heft 1, S. 22 und *Thanos, George/Agiatzidou, Eleni/Courcoubetis, Costas/Stamoulis, George D.*, Grid Business Models, in: *Stanovska-Slabeva, Katarina/Wozniak, Thomas/Ristol, Santi (Hrsg.)*, Grid and Cloud Computing: A Business Perspective on Technology and Applications, Springer-Verlag, Berlin und Heidelberg, 1. Auflage 2010, S. 69.

[18] Vgl. *Gutzeit, Kai*, Revolution in der Wolke: Google und der Cloud-Computing-Markt, in: *Benlian, Alexander/Hess, Thomas/Buxmann, Peter (Hrsg.)*, Software-as-a-Service: Anbieterstrategien, Kundenbedürfnisse und Wertschöpfungsstrukturen, Gabler Verlag, Wiesbaden, 1. Aufl. 2010, S. 142.

[19] Vgl. *Catteddu, Daniele (Hrsg.)*, Security & Resilience in Governmental Clouds - Making an informed decision, Januar 2011, http://www.enisa.europa.eu/act/rm/emerging-and-future-risk/deliverables/security-and-resilience-in-governmental-clouds/at_download/fullReport (2011-01-17, 10:30 MEZ), S. 55.

- Risiken:

  1 Nach Krcmar sind standardisierte Cloud-Dienste möglicherweise nicht so stark an die individuellen Bedürfnisse der Nutzer anpassbar, wie dies in traditionellen IT-Infrastrukturen der Fall ist. Wettbewerbsvorteile durch den Einsatz von neuen Informationssystemen sind dadurch nicht mehr so einfach zu erzielen.[20]

  2 Nach Cayirci et al. erhöht sich zwar durch die Zentralisierung von Diensten die Sicherheit des Systems, weil die Anzahl von zu schützenden Systemen verringert wird, allerdings bilden sich dadurch auch besonders attraktive Angriffspunkte. Falls ein Cloud-basierendes System einmal ausfällt oder Angreifer in das System eingedrungen sind, ist der Schaden deutlich größer als bei dezentralen Systemen.[21]

  3 Nach Catteddu können Private Clouds bestimmte Angriffsformen (wie z.B. Denial of Service-Angriffe) nur unzureichend abwehren, weil die Möglichkeiten der Skalierbarkeit begrenzt sind. Darüber hinaus ist es möglich, dass das Wissen und die Erfahrung der Mitarbeiter nicht ausreichen um bestimmte Angriffe effektiv abzuwehren.[22]

1.2. Outsourced Private und Public Cloud Computing

- Chancen:

  1 Nach Stanovska-Slabeva und Wozniak fallen keine fixen Kosten für Abschreibungen von Hardware und Softwarelizenzen, die möglicherweise überhaupt nicht genutzt werden, aber auch für Personal (Wartung und Support) und sonstige Betriebskosten (kalkulatorische Miete, Stromkosten usw.) an. Stattdessen fallen nur variable Kosten für Cloud-Dienstleistungen an.[23]

  2 Durch die Flexibilität beim Bezug und der Skalierbarkeit der Dienste ist es möglich nur genau die Dienste zu beziehen, die auch wirklich benötigt werden.[24]

---

[20] Vgl. *Krcmar, Helmut*, Informationsmanagement, Springer-Verlag, Berlin und Heidelberg, 5. Aufl. 2010, S. 706.

[21] Vgl. *Cayirci, Erdal/Rong, Chunming/Huiskamp, Wim/Verkoelen, Cor*, Snow Leopard Cloud: A Multi-national Education Training and Experimentation Cloud and Its Security Challenges, in: *Jaatun, Martin Gilje/Zhao, Gansen/Rong, Chunming (Hrsg.)*, Cloud Computing: First International Conference, CloudCom 2009 Beijing, China, December 2009 Proceedings, Springer-Verlag, Berlin und Heidelberg, 1. Auflage 2009, S. 64.

[22] Vgl. *Catteddu, Daniele (Hrsg.)*, Security & Resilience in Governmental Clouds - Making an informed decision, Januar 2011, http://www.enisa.europa.eu/act/rm/emerging-and-future-risk/deliverables/security-and-resilience-in-governmental-clouds/at_download/fullReport (2011-01-17, 10:30 MEZ), S. 54.

[23] Siehe *Stanovska-Slabeva, Katarina/Wozniak, Thomas*, Cloud Basics – An Introduction to Cloud Computing, in: *Stanovska-Slabeva, Katarina/Wozniak, Thomas/Ristol, Santi (Hrsg.)*, Grid and Cloud Computing: A Business Perspective on Technology and Applications, Springer-Verlag, Berlin und Heidelberg, 1. Auflage 2010, S. 55; Siehe auch *Gutzeit, Kai*, Revolution in der Wolke: Google und der Cloud-Computing-Markt, in: *Benlian, Alexander/Hess, Thomas/Buxmann, Peter (Hrsg.)*, Software-as-a-Service: Anbieterstrategien, Kundenbedürfnisse und Wertschöpfungsstrukturen, Gabler Verlag, Wiesbaden, 1. Aufl. 2010, S. 139.

[24] Siehe *Stanovska-Slabeva, Katarina/Wozniak, Thomas*, Cloud Basics – An Introduction to Cloud Computing, in: *Stanovska-Slabeva, Katarina/Wozniak, Thomas/Ristol, Santi (Hrsg.)*, Grid and Cloud Computing: A Business Perspective on Technology and Applications, Springer-Verlag, Berlin und Heidelberg, 1. Aufl. 2010, S. 55.

3   Der Ressourcenpool der Cloud vereinfacht die Konfiguration und Fehlerbehebung, was zu einer höheren Verfügbarkeit führt.[25]

4   Konzentration auf die Kernkompetenz: Durch das Outsourcing von Dienstleistungen werden beim Outsourcinggeber Ressourcen freigesetzt, die fortan für höherwertige Aufgaben eingesetzt werden können.[26]

5   Anbieter stehen unter dem Druck dauerhaft eine hohe Servicequalität zu bieten, da ihre Kunden kurzfristig den Vertrag kündigen können.[27]

6   Größere Mobilität, da die Dienste meist ohne große Anpassungen von überall aus genutzt werden können.[28]

7   Einfache Konfiguration über eine Web-Oberfläche. [29]

8   Dadurch, dass die Daten bei größeren Anbietern teilweise an verschiedenen Standorten gespeichert werden, wird die Gewährleistung der Business Continuity erleichtert. [30]

9   Weil Daten nur zentral in der Cloud gespeichert werden, ist die Gefahr, dass Unbefugte Zugriff darauf erhalten oder die Daten mit Schadsoftware infiziert werden, geringer.[31]

---

[25] Vgl. *Catteddu, Daniele (Hrsg.)*, Security & Resilience in Governmental Clouds - Making an informed decision, Januar 2011, http://www.enisa.europa.eu/act/rm/emerging-and-future-risk/deliverables/security-and-resilience-in-governmental-clouds/at_download/fullReport (2011-01-17, 10:30 MEZ), S. 49.

[26] Vgl. *von Jouanne-Diedrich, Holger*, 15 Jahre Outsourcing-Forschung: Systematisierung und Lessons Learned, in: *Zarnekow, Rüdiger/Brenner, Walter/Grohmann, Helmut H. (Hrsg.)*, Informationsmanagement: Konzepte und Strategien für die Praxis, dpunkt.verlag, Heidelberg, 1. Aufl. 2004, S. 132.

[27] Vgl. *Benlian, Alexander/Hess, Thomas*, Chancen und Risiken des Einsatzes von SaaS – Die Sicht der Anwender, in: *Benlian, Alexander/Hess, Thomas/Buxmann, Peter (Hrsg.)*, Software-as-a-Service: Anbieterstrategien, Kundenbedürfnisse und Wertschöpfungsstrukturen, Gabler Verlag, Wiesbaden, 1. Aufl. 2010, S. 176-177.

[28] Siehe *Ali, Mufajjul*, Green Cloud on the Horizon, in: *Jaatun, Martin Gilje/Zhao, Gansen/Rong, Chunming (Hrsg.)*, Cloud Computing: First International Conference, CloudCom 2009 Beijing, China, December 2009 Proceedings, Springer-Verlag, Berlin und Heidelberg, 1. Aufl. 2009, S. 457.

[29] Siehe *Gutzeit, Kai*, Revolution in der Wolke: Google und der Cloud-Computing-Markt, in: *Benlian, Alexander/Hess, Thomas/Buxmann, Peter (Hrsg.)*, Software-as-a-Service: Anbieterstrategien, Kundenbedürfnisse und Wertschöpfungsstrukturen, Gabler Verlag, Wiesbaden, 1. Aufl. 2010, S. 144.

[30] Vgl. *Catteddu, Daniele (Hrsg.)*, Security & Resilience in Governmental Clouds - Making an informed decision, Januar 2011, http://www.enisa.europa.eu/act/rm/emerging-and-future-risk/deliverables/security-and-resilience-in-governmental-clouds/at_download/fullReport (2011-01-17, 10:30 MEZ), S. 49.

[31] Vgl. *Gutzeit, Kai*, Revolution in der Wolke: Google und der Cloud-Computing-Markt, in: *Benlian, Alexander/Hess, Thomas/Buxmann, Peter (Hrsg.)*, Software-as-a-Service: Anbieterstrategien, Kundenbedürfnisse und Wertschöpfungsstrukturen, Gabler Verlag, Wiesbaden, 1. Aufl. 2010, S. 142.

10 Die Software wird durch den Anbieter immer auf dem aktuellen Stand gehalten und auch Upgrades und Patches werden durch den Anbieter im System eingepflegt.[32] Sicherheitslücken können schneller geschlossen werden als in traditionellen IT-Infrastrukturen.[33]

11 Die hohen Sicherheitsmaßnahmen des Anbieters könnten es ihm eventuell erlauben die Anwendung von Zwangsmitteln und die Sicherung von Beweismitteln durch Strafverfolgungsbehörden anderer Staaten zu verhindern.[34]

- Risiken:

    1 Da für externes Cloud Computing eine stabile Internetverbindung mit hoher Verfügbarkeit benötigt wird, werden zusätzliche, redundante Verbindungen benötigt, die ihrerseits Kosten verursachen.[35] Nur dadurch ist es möglich eine hohe Verfügbarkeit des Dienstes zu garantieren.

    2 Nach Reiss und Günther weisen empirische Studien darauf hin, dass hohe Rekrutierungs- bzw. Trainingskosten, versteckte Kosten für Optimierungs- bzw. Restrukturierungsmaßnahmen, Verhandlungsmachtasymmetrien, Marktintransparenzen und lange Auswahlprozesse für das Scheitern vieler IT-Outsourcing-Vorhaben verantwortlich sind. Diese Kosten werden im Sourcing-Entscheidungsprozess häufig unterschätzt.[36]

    3 Es können zusätzliche Kosten entstehen, um die Anwender von den Datenschutz- und Datensicherheitsstandards des Cloud-Anbieters zu überzeugen.[37]

---

[32] Vgl. *Cusumano, Michael A.*, Will SaaS and Cloud Computing become a new Industry Platform?, in: *Benlian, Alexander/Hess, Thomas/Buxmann, Peter (Hrsg.)*, Software-as-a-Service: Anbieterstrategien, Kundenbedürfnisse und Wertschöpfungsstrukturen, Gabler Verlag, Wiesbaden, 1. Aufl. 2010, S. 12.

[33] Vgl. *Gutzeit, Kai*, Revolution in der Wolke: Google und der Cloud-Computing-Markt, in: *Benlian, Alexander/Hess, Thomas/Buxmann, Peter (Hrsg.)*, Software-as-a-Service: Anbieterstrategien, Kundenbedürfnisse und Wertschöpfungsstrukturen, Gabler Verlag, Wiesbaden, 1. Aufl. 2010, S. 142.

[34] Vgl. *Catteddu, Daniele (Hrsg.)*, Security & Resilience in Governmental Clouds - Making an informed decision, Januar 2011, http://www.enisa.europa.eu/act/rm/emerging-and-future-risk/deliverables/security-and-resilience-in-governmental-clouds/at_download/fullReport (2011-01-17, 10:30 MEZ), S. 50.

[35] Vgl. *Leimbach, Timo/Schlomann, Barbara/Stobbe, Lutz*, Markttrends und deren Auswirkungen auf den Anstieg des IKT-bedingten Strombedarfs, in: *Eberspächer, Jörg/von Reden, Wolf (Hrsg.)*, Green ICT: Sparsam rechnen und kommunizieren?, Münchner Kreis, München, 1. Aufl. 2008, S. 35-36.

[36] Vgl. *Reiss, Michael/Günther, Armin*, Complementor Relationship Management im IT-Sourcing, in: *Keuper, Frank/Wagner, Bernd/Wysuwa, Hans-Dieter (Hrsg.)*, Managed Services: IT-Sourcing der nächsten Generation, Gabler, Wiesbaden, 1. Aufl. 2009, S. 113.

[37] Siehe *Leadley, Brenda/Müller, Andreas/Servatius, Kurt*, Using SaaS at Allianz to Support Global HR Processses, in: *Benlian, Alexander/Hess, Thomas/Buxmann, Peter (Hrsg.)*, Software-as-a-Service: Anbieterstrategien, Kundenbedürfnisse und Wertschöpfungsstrukturen, Gabler Verlag, Wiesbaden, 1. Aufl. 2010, S. 202.

4 Anbieter können Neukunden mit günstigen Angebotspreisen anlocken und diese Preise dann nach ein paar Monaten auf den höheren Standardpreis erhöhen.[38] Durch den Vendor-Lock-In-Effekt ist die Gefahr, dass der Kunde wegen dieser Preiserhöhung den Anbieter wechselt, relativ gering.

5 Da es noch keine anbieterübergreifenden Standards für die Schnittstellen des Cloud Computing gibt, ist der Anbieterwechsel häufig aufwendig.[39]

6 Laut GI gibt es häufig Differenzen zwischen den vertraglichen Vereinbarungen mit einem Anbieter und der tatsächlichen technischen Durchsetzung dieser Vereinbarungen. So kann es z.B. technisch unmöglich sein, die Kundendaten nach Ablauf des Vertrags zu löschen.[40]

7 Laut Armbrust et al. sind die Kunden von Cloud-Dienstleistungen wegen des Vendor-Lock-In besonders anfällig für Preiserhöhungen, Zuverlässigkeitsprobleme und Anbieter, die ihre Dienste einstellen.[41] Dies könnte zu höheren Kosten als beim Eigenbetrieb führen.[42]

8 Der Bundesrechnungshof weist darauf hin, dass wenn Leistungen ausgelagert werden Wissen beim Outsourcinggeber verloren geht, das bei Bedarf eventuell nicht mehr verfügbar ist. Der Outsourcinggeber begibt sich daher in eine Abhängigkeit zum Outsourcingnehmer.[43]

9 Eine zu lange Bindung an einen Outsourcingnehmer kann zu Betriebsblindheit führen.[44]

---

[38] Vgl. *Cusumano, Michael A.*, Will SaaS and Cloud Computing become a new Industry Platform?, in: *Benlian, Alexander/Hess, Thomas/Buxmann, Peter (Hrsg.)*, Software-as-a-Service: Anbieterstrategien, Kundenbedürfnisse und Wertschöpfungsstrukturen, Gabler Verlag, Wiesbaden, 1. Aufl. 2010, S. 11.

[39] Vgl. *Qian, Ling/Luo, Zhiguo/Du, Yujian/Guo, Leitao*, Cloud Computing: An Overview, in: *Jaatun, Martin Gilje/Zhao, Gansen/Rong, Chunming (Hrsg.)*, Cloud Computing: First International Conference, CloudCom 2009 Beijing, China, December 2009 Proceedings, Springer-Verlag, Berlin und Heidelberg, 1. Aufl. 2009, S. 629-630.

[40] Vgl. *Gesellschaft für Informatik e.V. (GI)*, GI stellt zehn Thesen zu Sicherheit und Datenschutz in Cloud Computing vor (1. Dezember 2010), in: Informatik Spektrum, Band 34, Februar 2011, Heft 1, S. 112.

[41] Vgl. *Armbrust, Michael/Fox, Armando/Griffith, Rean/Joseph, Anthony D./Katz, Randy Konwinski, Andy/Lee, Gunho/Patterson, Gunho/Rabkin, Ariel/Stoica, Ion/Zaharia, Matei*, Above the Clouds: A Berkeley View of Cloud Computing, Februar 2009, http://www.eecs.berkeley.edu/Pubs/TechRpts/2009/EECS-2009-28.pdf (2011-02-06, 18:28 MEZ), S. 15; siehe auch *Bossert, Oliver/Freking, Ulrich/Löffler, Markus*, Cloud Computing in Practice – Rain Doctor or Line-of-Sight Obstruction, in: *Benlian, Alexander/Hess, Thomas/Buxmann, Peter (Hrsg.)*, Software-as-a-Service: Anbieterstrategien, Kundenbedürfnisse und Wertschöpfungsstrukturen, Gabler Verlag, Wiesbaden, 1. Aufl. 2010, S. 101.

[42] Vgl. *Benlian, Alexander/Hess, Thomas*, Chancen und Risiken des Einsatzes von SaaS – Die Sicht der Anwender, in: *Benlian, Alexander/Hess, Thomas/Buxmann, Peter (Hrsg.)*, Software-as-a-Service: Anbieterstrategien, Kundenbedürfnisse und Wertschöpfungsstrukturen, Gabler Verlag, Wiesbaden, 1. Aufl. 2010, S. 176-178.

[43] Vgl. *Bundesrechnungshof (Hrsg)*, Leitsätze für die Prüfung von IuK-Outsourcing, ohne Datum, http://bundesrechnungshof.de/veroeffentlichungen/broschuere/dateien/leitsaetze_iuk_outsourcing.pdf (2011-02-19, 17:25 MEZ), S. 10.

[44] Vgl. *Hodel, Marcus/Berger, Alexander/Risi, Peter*, Outsourcing realisieren: Vorgehen für IT und Geschäftsprozesse zur nachhaltigen Steigerung des Unternehmenserfolgs, Vieweg Verlag, Wiesbaden, 2. Aufl. 2006, S. 9.

10 Nach Krcmar sind standardisierte Cloud-Dienste nicht mehr an die individuellen Bedürfnisse der Nutzer anpassbar, wie dies in traditionellen IT-Infrastrukturen der Fall ist. Wettbewerbsvorteile durch den Einsatz von neuen Informationssystemen sind dadurch nicht mehr so einfach zu erzielen.[45]

11 Einzelne Abteilungen könnten ihren IT-Infrastruktur-Bedarf an der zentralen Beschaffung durch die IT-Abteilung vorbei abdecken, was zu einer unkontrolliert wuchernden „Schatten-IT" führen kann.[46]

12 Die finanzielle Stabilität von Anbietern kann insbesondere bei Nischenanbietern zum Problem werden,[47] wenn Anbieter wegen Liquiditätsproblemen oder Insolvenz ihre Dienste plötzlich nicht mehr anbieten.

13 Durch die Auslagerung der Dienstleistungen kann es zu Widerständen bei den Mitarbeitern oder zu einer negativen Wahrnehmung des Unternehmens in der Öffentlichkeit (z.B. durch negative Berichterstattung in der Presse) kommen.[48]

14 Parrilli weist darauf hin, dass Cloud-Anbieter dazu neigen nur eine geringe Haftung für die Qualität ihres Dienstes zu übernehmen. Dies gilt insbesondere für kleine und mittlere Unternehmen, die zu klein sind, um für sie günstigere individuelle Verträge mit den Anbietern aushandeln zu können. Die Folge davon ist, dass die Kunden gar nicht oder nur geringe rechtliche Möglichkeiten haben, um gegen Anbieter vorzugehen, die ihren vertraglichen Pflichten nicht nachkommen.[49] Die Konsequenz daraus könnte das von Benlian und Hess beschriebene Risiko darstellen, dass Anbieter die vereinbarten Leistungen in den Bereichen Erreichbarkeit, Performance und Interoperabilität nicht erfüllen.[50]

---

[45] Vgl. *Krcmar, Helmut*, Informationsmanagement, Springer-Verlag, Berlin und Heidelberg, 5. Aufl. 2010, S. 706.

[46] Vgl. *Kurzlechner, Werner*, Belastbare ROI-Szenarien fehlen noch: Cloud Computing sucht CFOs, Juli 2010, http://www.cio.de/_misc/article/printoverview/index.cfm?pid=451&pk=2240334&op=prnt (2010-07-19, 11:59 MEZ).

[47] Vgl. *Bossert, Oliver/Freking, Ulrich/Löffler, Markus*, Cloud Computing in Practice – Rain Doctor or Line-of-Sight Obstruction, in: *Benlian, Alexander/Hess, Thomas/Buxmann, Peter (Hrsg.)*, Software-as-a-Service: Anbieterstrategien, Kundenbedürfnisse und Wertschöpfungsstrukturen, Gabler Verlag, Wiesbaden, 1. Aufl. 2010, S. 101

[48] Vgl. *Benlian, Alexander/Hess, Thomas*, Chancen und Risiken des Einsatzes von SaaS – Die Sicht der Anwender, in: *Benlian, Alexander/Hess, Thomas/Buxmann, Peter (Hrsg.)*, Software-as-a-Service: Anbieterstrategien, Kundenbedürfnisse und Wertschöpfungsstrukturen, Gabler Verlag, Wiesbaden, 1. Aufl. 2010, S. 176-179.

[49] Vgl. *Parrilli, Davide M.*, Legal Issues in Grid and Cloud Computing, in: *Stanovska-Slabeva, Katarina/Wozniak, Thomas/Ristol, Santi (Hrsg.)*, Grid and Cloud Computing: A Business Perspective on Technology and Applications, Springer-Verlag, Berlin und Heidelberg, 1. Aufl. 2010, S. 104.

[50] Vgl. *Benlian, Alexander/Hess, Thomas*, Chancen und Risiken des Einsatzes von SaaS – Die Sicht der Anwender, in: *Benlian, Alexander/Hess, Thomas/Buxmann, Peter (Hrsg.)*, Software-as-a-Service: Anbieterstrategien, Kundenbedürfnisse und Wertschöpfungsstrukturen, Gabler Verlag, Wiesbaden, 1. Aufl. 2010, S. 176-179.

15 Rechtliche Hürden, die den Datenschutz[51], die Grundsätze zum Datenzugriff und zur Prüfbarkeit digitaler Unterlagen (GDPdU) oder die Grundsätze ordnungsmäßiger DV-gestützter Buchführungssysteme (GoBS)[52] betreffen.

16 Möglicherweise müssen verschiedene Rechtssysteme angewandt werden, wenn die Rechenzentren eines Anbieters in verschiedenen Ländern liegen.[53]

17 Es ist schwierig Daten zur Beweismittelsicherung zu erhalten, um nach illegalen Aktivitäten die Datenintegrität sicherzustellen.[54] Dies wird allerdings erschwert, wenn IT-Systeme geografisch verteilt sind oder die Beschlagnahme von physikalischen Datenträgern wegen Virtualisierung oder Mehr-Mandantenfähigkeit den Betrieb der Cloud stören würden.[55]

18 Die Ereignisprotokolle, die von Cloud-Anbietern zur Verfügung gestellt werden, sind nicht ausführlich genug, um auf Vorkommnisse zu reagieren oder Beweismittel zu sichern.[56]

19 Verfügbarkeit der Cloud-Dienste (z.B. Ausfall eines Dienstes in Folge von Fehlern)[57]

20 Laut Bossert et al. sind Performance-Probleme des Cloud-Anbieters ein weiteres Problem. Studien belegen, dass je nach Tageszeit, die Reaktionszeit der Dienste um den Faktor 20 variieren kann.[58]

---

[51] Siehe *Armbrust, Michael/Fox, Armando/Griffith, Rean/Joseph, Anthony D./Katz, Randy Konwinski, Andy/Lee, Gunho/Patterson, Gunho/Rabkin, Ariel/Stoica, Ion/Zaharia, Matei*, Above the Clouds: A Berkeley View of Cloud Computing, Februar 2009, http://www.eecs.berkeley.edu/Pubs/TechRpts/2009/EECS-2009-28.pdf (2011-02-06, 18:28 MEZ), S. 14.

[52] Siehe *Berg, Achim*, Auf Wolke 7 – Microsoft Windows Azure, in: *Benlian, Alexander/Hess, Thomas/Buxmann, Peter (Hrsg.)*, Software-as-a-Service: Anbieterstrategien, Kundenbedürfnisse und Wertschöpfungsstrukturen, Gabler Verlag, Wiesbaden, 1. Aufl. 2010, S. 134.

[53] Vgl. *Catteddu, Daniele (Hrsg.)*, Security & Resilience in Governmental Clouds - Making an informed decision, Januar 2011, http://www.enisa.europa.eu/act/rm/emerging-and-future-risk/deliverables/security-and-resilience-in-governmental-clouds/at_download/fullReport (2011-01-17, 10:30 MEZ), S. 53.

[54] Vgl. *Catteddu, Daniele (Hrsg.)*, Security & Resilience in Governmental Clouds - Making an informed decision, Januar 2011, http://www.enisa.europa.eu/act/rm/emerging-and-future-risk/deliverables/security-and-resilience-in-governmental-clouds/at_download/fullReport (2011-01-17, 10:30 MEZ), S. 51; siehe auch *Gesellschaft für Informatik e.V. (GI)*, GI stellt zehn Thesen zu Sicherheit und Datenschutz in Cloud Computing vor (1. Dezember 2010), in: Informatik Spektrum, Band 34, Februar 2011, Heft 1, S. 112.

[55] Vgl. *Gesellschaft für Informatik e.V. (GI)*, GI stellt zehn Thesen zu Sicherheit und Datenschutz in Cloud Computing vor (1. Dezember 2010), in: Informatik Spektrum, Band 34, Februar 2011, Heft 1, S. 112.

[56] Vgl. *Catteddu, Daniele (Hrsg.)*, Security & Resilience in Governmental Clouds - Making an informed decision, Januar 2011, http://www.enisa.europa.eu/act/rm/emerging-and-future-risk/deliverables/security-and-resilience-in-governmental-clouds/at_download/fullReport (2011-01-17, 10:30 MEZ), S. 50.

[57] Siehe unter anderem *Armbrust, Michael/Fox, Armando/Griffith, Rean/Joseph, Anthony D./Katz, Randy Konwinski, Andy/Lee, Gunho/Patterson, Gunho/Rabkin, Ariel/Stoica, Ion/Zaharia, Matei*, Above the Clouds: A Berkeley View of Cloud Computing, Februar 2009, http://www.eecs.berkeley.edu/Pubs/TechRpts/2009/EECS-2009-28.pdf (2011-02-06, 18:28 MEZ), S. 14, *Cusumano, Michael A.*, Will SaaS and Cloud Computing become a new Industry Platform?, in: *Benlian, Alexander/Hess, Thomas/Buxmann, Peter (Hrsg.)*, Software-as-a-Service: Anbieterstrategien, Kundenbedürfnisse und Wertschöpfungsstrukturen, Gabler Verlag, Wiesbaden, 1. Aufl. 2010, S. 12 und *Bossert, Oliver/Freking, Ulrich/Löffler, Markus*, Cloud Computing in Practice – Rain Doctor or Line-of-Sight Obstruction, in: *Benlian, Alexander/Hess, Thomas/Buxmann, Peter (Hrsg.)*, Software-as-a-Service: Anbieterstrategien, Kundenbedürfnisse und Wertschöpfungsstrukturen, Gabler Verlag, Wiesbaden, 1. Aufl. 2010, S. 101.

21 Performanceprobleme, wenn der Kunde die Leistungen in ländlichen Gebieten oder in Ländern wie Süd- oder Osteuropa nutzen will, in denen die Breitbandnetze noch nicht gut ausgebaut sind. [59]

22 Armbrust et al. weisen darauf hin, dass Fehler in großen verteilten Systemen nur im produktiven Betrieb gefunden und behoben werden können. Da viele Anbieter ihre Plattformen auf dieser Basis entwickelt haben,[60] kann dies zu Ausfällen und Datenverlust führen.

23 Daten, die an einen externen Anbieter übermittelt wurden, sind möglicherweise nicht mehr so sicher wie in traditionellen Systemen.[61]

24 Nach Cayirci et al. erhöht sich zwar durch die Zentralisierung von Diensten die Sicherheit des Systems, weil die Anzahl von zu schützenden Systemen verringert wird, allerdings bilden sich dadurch auch besonders attraktive Angriffspunkte. Falls ein Cloud-basierendes System einmal ausfällt oder in es eingedrungen wird, ist der Schaden deutlich größer als bei dezentralen Systemen.[62]

25 Der Transport der Daten in die Cloud erfolgt über das öffentliche Internet und die Daten müssen aufwendig gesichert werden.[63]

---

[58] Vgl. *Bossert, Oliver/Freking, Ulrich/Löffler, Markus*, Cloud Computing in Practice – Rain Doctor or Line-of-Sight Obstruction, in: *Benlian, Alexander/Hess, Thomas/Buxmann, Peter (Hrsg.)*, Software-as-a-Service: Anbieterstrategien, Kundenbedürfnisse und Wertschöpfungsstrukturen, Gabler Verlag, Wiesbaden, 1. Aufl. 2010, S. 101; siehe auch *Cusumano, Michael A.*, Will SaaS and Cloud Computing become a new Industry Platform?, in: *Benlian, Alexander/Hess, Thomas/Buxmann, Peter (Hrsg.)*, Software-as-a-Service: Anbieterstrategien, Kundenbedürfnisse und Wertschöpfungsstrukturen, Gabler Verlag, Wiesbaden, 1. Aufl. 2010, S. 12.

[59] Vgl. *Catteddu, Daniele (Hrsg.)*, Security & Resilience in Governmental Clouds - Making an informed decision, Januar 2011, http://www.enisa.europa.eu/act/rm/emerging-and-future-risk/deliverables/security-and-resilience-in-governmental-clouds/at_download/fullReport (2011-01-17, 10:30 MEZ), S. 51.

[60] Vgl. *Armbrust, Michael/Fox, Armando/Griffith, Rean/Joseph, Anthony D./Katz, Randy Konwinski, Andy/Lee, Gunho/Patterson, Gunho/Rabkin, Ariel/Stoica, Ion/Zaharia, Matei*, Above the Clouds: A Berkeley View of Cloud Computing, Februar 2009, http://www.eecs.berkeley.edu/Pubs/TechRpts/2009/EECS-2009-28.pdf (2011-02-06, 18:28 MEZ), S. 18.

[61] Vgl. *Bossert, Oliver/Freking, Ulrich/Löffler, Markus*, Cloud Computing in Practice – Rain Doctor or Line-of-Sight Obstruction, in: *Benlian, Alexander/Hess, Thomas/Buxmann, Peter (Hrsg.)*, Software-as-a-Service: Anbieterstrategien, Kundenbedürfnisse und Wertschöpfungsstrukturen, Gabler Verlag, Wiesbaden, 1. Aufl. 2010, S. 101.

[62] Vgl. *Cayirci, Erdal/Rong, Chunming/Huiskamp, Wim/Verkoelen, Cor*, Snow Leopard Cloud: A Multi-national Education Training and Experimentation Cloud and Its Security Challenges, in: *Jaatun, Martin Gilje/Zhao, Gansen/Rong, Chunming (Hrsg.)*, Cloud Computing: First International Conference, CloudCom 2009 Beijing, China, December 2009 Proceedings, Springer-Verlag, Berlin und Heidelberg, 1. Auflage 2009, S. 64.

[63] Vgl. *Gesellschaft für Informatik e.V. (GI)*, GI stellt zehn Thesen zu Sicherheit und Datenschutz in Cloud Computing vor (1. Dezember 2010), in: Informatik Spektrum, Band 34, Februar 2011, Heft 1, S. 111.

1.3. Infrastructure as a Service

- Chancen:

    1   Nach Vogels können Infrastruktur-Dienstleistungen ohne Wartezeit in Betrieb
        genommen und wieder abbestellt werden, sobald sie nicht mehr benötigt werden.
        Die traditionelle Beschaffung von Servern kann oft mehrere Monate dauern und
        wenn ein Server nicht mehr benötigt wird, sind die zuständigen Mitarbeiter
        unwillig ihn abzugeben, damit er neue Aufgaben übernehmen kann.[64]

- Risiken:

    1   Bei Festplattenzugriffen von virtuellen Maschinen kann es zu Leistungseinbußen
        kommen, weil die Virtualisierung von Ein- und Ausgabe noch nicht ausgereift
        ist.[65]

    2   Zwar ist die Kontrolle des Kunden über den Dienst größer als bei PaaS und SaaS,
        dem stehen aber auch höhere Kosten durch die Serveradministration,
        Betriebssystem, Sicherheits- und sonstige Software gegenüber.[66]

1.4. Platform as a Service

- Chancen:

    1   Die Softwareentwicklung mit PaaS spart im Verhältnis zu traditionellen
        Entwicklungsumgebungen Zeit.[67]

- Risiken:

    1   Einige APIs und Web-Dienste gibt es nur auf der Cloud-Plattform eines einzigen
        Anbieters, was den Wechsel zu einem anderen Anbieter erschwert.[68]

1.5. Software as a Service

- Chancen:

    1   Außer den Kosten für SaaS, fallen für die Kunden üblicherweise keine weiteren
        Kosten für Produktupdates und Lizenzen an.[69]

---

[64] Vgl. *Vogels, Werner*, Beyond Server Consolidation, in: Queue, Band 6, Januar/Februar 2008, Heft 1, S. 24.

[65] Vgl. *Armbrust, Michael/Fox, Armando/Griffith, Rean/Joseph, Anthony D./Katz, Randy Konwinski, Andy/Lee, Gunho/Patterson, Gunho/Rabkin, Ariel/Stoica, Ion/Zaharia, Matei*, Above the Clouds: A Berkeley View of Cloud Computing, Februar 2009, http://www.eecs.berkeley.edu/Pubs/TechRpts/2009/EECS-2009-28.pdf (2011-02-06, 18:28 MEZ), S. 17.

[66] Vgl. *Catteddu, Daniele (Hrsg.)*, Security & Resilience in Governmental Clouds - Making an informed decision, Januar 2011, http://www.enisa.europa.eu/act/rm/emerging-and-future-risk/deliverables/security-and-resilience-in-governmental-clouds/at_download/fullReport (2011-01-17, 10:30 MEZ), S. 50.

[67] Siehe *Föckeler, Christoph*, Neue Anbieterstrategien – Wie Salesforce.com den Software-Markt umkrempelt, in: *Benlian, Alexander/Hess, Thomas/Buxmann, Peter (Hrsg.)*, Software-as-a-Service: Anbieterstrategien, Kundenbedürfnisse und Wertschöpfungsstrukturen, Gabler Verlag, Wiesbaden, 1. Aufl. 2010, S. 120 und 122-123.

[68] Vgl. *Cusumano, Michael A.*, Will SaaS and Cloud Computing become a new Industry Platform?, in: *Benlian, Alexander/Hess, Thomas/Buxmann, Peter (Hrsg.)*, Software-as-a-Service: Anbieterstrategien, Kundenbedürfnisse und Wertschöpfungsstrukturen, Gabler Verlag, Wiesbaden, 1. Aufl. 2010, S. 10-11.

2   Neue Programmfunktionen können durch den Anbieter schneller den Kunden zur Verfügung gestellt werden, als bei traditioneller Software. [70]

3   SaaS ist für Unternehmen interessant, die international schnell expandieren und deren Aufbauorganisation sich schnell verändert. [71]

4   In größeren Firmen kann man SaaS-Lösungen möglicherweise schneller implementieren als traditionelle Software. [72]

5   SaaS-Kunden sind eher in der Lage den Anbieter zu wechseln (beispielsweise wegen der kürzeren Kündigungsfristen). [73]

6   Während eines Programmupdates ist die Software für die Kunden weiterhin verfügbar. [74]

- Risiken:

  1   Die Schätzung der Total Cost of Ownership (TCO) von SaaS-Lösungen ist schwierig, weil es schwierig ist Folgekosten, wie sie beispielsweise für den Benutzerservice anfallen, zu kalkulieren. [75]

  2   Die Integration von SaaS in vorhandene Systeme ist schwierig[76], weil SaaS-Anwendungen nicht angepasst werden können.

---

[69] Vgl. *Cusumano, Michael A.*, Will SaaS and Cloud Computing become a new Industry Platform?, in: *Benlian, Alexander/Hess, Thomas/Buxmann, Peter (Hrsg.)*, Software-as-a-Service: Anbieterstrategien, Kundenbedürfnisse und Wertschöpfungsstrukturen, Gabler Verlag, Wiesbaden, 1. Aufl. 2010, S. 12.

[70] Vgl. *Bandulet, Friedrich/Faisst, Wolfgang/Eggs, Holger/Otyepka, Sarah/ Wenzel, Stefan*, Software-as-a-Service as Disruptive Innovation in the Enterprise Application Market, in: *Benlian, Alexander/Hess, Thomas/Buxmann, Peter (Hrsg.)*, Software-as-a-Service: Anbieterstrategien, Kundenbedürfnisse und Wertschöpfungsstrukturen, Gabler Verlag, Wiesbaden, 1. Aufl. 2010, S. 18.

[71] Vgl. *Bandulet, Friedrich/Faisst, Wolfgang/Eggs, Holger/Otyepka, Sarah/ Wenzel, Stefan*, Software-as-a-Service as Disruptive Innovation in the Enterprise Application Market, in: *Benlian, Alexander/Hess, Thomas/Buxmann, Peter (Hrsg.)*, Software-as-a-Service: Anbieterstrategien, Kundenbedürfnisse und Wertschöpfungsstrukturen, Gabler Verlag, Wiesbaden, 1. Aufl. 2010, S. 19.

[72] Siehe *Leadley, Brenda/Müller, Andreas/Servatius, Kurt*, Using SaaS at Allianz to Support Global HR Processses, in: *Benlian, Alexander/Hess, Thomas/Buxmann, Peter (Hrsg.)*, Software-as-a-Service: Anbieterstrategien, Kundenbedürfnisse und Wertschöpfungsstrukturen, Gabler Verlag, Wiesbaden, 1. Aufl. 2010, S. 196 und 199.

[73] Vgl. *Benlian, Alexander/Hess, Thomas*, Chancen und Risiken des Einsatzes von SaaS – Die Sicht der Anwender, in: *Benlian, Alexander/Hess, Thomas/Buxmann, Peter (Hrsg.)*, Software-as-a-Service: Anbieterstrategien, Kundenbedürfnisse und Wertschöpfungsstrukturen, Gabler Verlag, Wiesbaden, 1. Aufl. 2010, S. 176-177.

[74] Vgl. *Bandulet, Friedrich/Faisst, Wolfgang/Eggs, Holger/Otyepka, Sarah/ Wenzel, Stefan*, Software-as-a-Service as Disruptive Innovation in the Enterprise Application Market, in: *Benlian, Alexander/Hess, Thomas/Buxmann, Peter (Hrsg.)*, Software-as-a-Service: Anbieterstrategien, Kundenbedürfnisse und Wertschöpfungsstrukturen, Gabler Verlag, Wiesbaden, 1. Aufl. 2010, S. 18.

[75] Siehe *Leadley, Brenda/Müller, Andreas/Servatius, Kurt*, Using SaaS at Allianz to Support Global HR Processses, in: *Benlian, Alexander/Hess, Thomas/Buxmann, Peter (Hrsg.)*, Software-as-a-Service: Anbieterstrategien, Kundenbedürfnisse und Wertschöpfungsstrukturen, Gabler Verlag, Wiesbaden, 1. Aufl. 2010, S. 197-198.

[76] Vgl. *Bandulet, Friedrich/Faisst, Wolfgang/Eggs, Holger/Otyepka, Sarah/ Wenzel, Stefan*, Software-as-a-Service as Disruptive Innovation in the Enterprise Application Market, in: *Benlian, Alexander/Hess, Thomas/Buxmann, Peter (Hrsg.)*, Software-as-a-Service: Anbieterstrategien, Kundenbedürfnisse und Wertschöpfungsstrukturen, Gabler Verlag, Wiesbaden, 1. Aufl. 2010, S. 19.

3   Wegen den fehlenden Anpassungsmöglichkeiten der Software kann es zu Problemen beim Datenimport und beim Datenexport zur Weiterverarbeitung kommen. [77]

4   SaaS kann in der Regel nicht an die individuellen Kundenbedürfnisse angepasst, sondern nur konfiguriert werden. [78] Die Lösung bestimmter Aufgaben ist deshalb nur auf Umwegen (Workaround-Lösungen) oder gar nicht möglich. [79]

5   Ein Wechsel auf eine SaaS-Lösung ist meistens mit einem Wechsel der Softwareplattform und deswegen mit einem hohen Risiko verbunden. [80]

6   Neue Programmfunktionen können zur Belastung für den Kunden werden, wenn sie zu häufig erfolgen und die genutzte Konfiguration betreffen, weil die Funktionen durch den Benutzerservice erst getestet, dokumentiert und die Anwender geschult werden müssen. [81] Durch die höhere Beanspruchung des Benutzerservice entstehen beim Einsatz von SaaS höhere Kosten, als beim Einsatz von traditioneller Software.

2. Herausforderungen

Im folgenden Kapitel wird eine Auswahl der Herausforderungen bei der Einführung von Cloud Computing aus einer Auswahl der vorhandenen Literatur zusammengestellt:

1   Verfügbarkeit der Cloud-Dienste (z.B. Ausfall eines Dienstes in Folge von Fehlern) [82]

2   Rechtliche Hürden, die den Datenschutz betreffen. [83]

---

[77] Siehe *Ebensperger, Andreas*, Chosing and Using SaaS for Warehouse Management at ThyssenKrupp Steel USA, in: *Benlian, Alexander/Hess, Thomas/Buxmann, Peter (Hrsg.)*, Software-as-a-Service: Anbieterstrategien, Kundenbedürfnisse und Wertschöpfungsstrukturen, Gabler Verlag, Wiesbaden, 1. Aufl. 2010, S. 217.

[78] Vgl. Siehe *Leadley, Brenda/Müller, Andreas/Servatius, Kurt*, Using SaaS at Allianz to Support Global HR Processses, in: *Benlian, Alexander/Hess, Thomas/Buxmann, Peter (Hrsg.)*, Software-as-a-Service: Anbieterstrategien, Kundenbedürfnisse und Wertschöpfungsstrukturen, Gabler Verlag, Wiesbaden, 1. Aufl. 2010, S. 200-201; siehe auch *Bandulet, Friedrich/Faisst, Wolfgang/Eggs, Holger/Otyepka, Sarah/ Wenzel, Stefan*, Software-as-a-Service as Disruptive Innovation in the Enterprise Application Market, in: *Benlian, Alexander/Hess, Thomas/Buxmann, Peter (Hrsg.)*, Software-as-a-Service: Anbieterstrategien, Kundenbedürfnisse und Wertschöpfungsstrukturen, Gabler Verlag, Wiesbaden, 1. Aufl. 2010, S. 19.

[79] Siehe *Ebensperger, Andreas*, Chosing and Using SaaS for Warehouse Management at ThyssenKrupp Steel USA, in: *Benlian, Alexander/Hess, Thomas/Buxmann, Peter (Hrsg.)*, Software-as-a-Service: Anbieterstrategien, Kundenbedürfnisse und Wertschöpfungsstrukturen, Gabler Verlag, Wiesbaden, 1. Aufl. 2010, S. 217.

[80] Vgl. *Berg, Achim*, Auf Wolke 7 – Microsoft Windows Azure, in: *Benlian, Alexander/Hess, Thomas/Buxmann, Peter (Hrsg.)*, Software-as-a-Service: Anbieterstrategien, Kundenbedürfnisse und Wertschöpfungsstrukturen, Gabler Verlag, Wiesbaden, 1. Aufl. 2010, S. 126

[81] Vgl. *Leadley, Brenda/Müller, Andreas/Servatius, Kurt*, Using SaaS at Allianz to Support Global HR Processses, in: *Benlian, Alexander/Hess, Thomas/Buxmann, Peter (Hrsg.)*, Software-as-a-Service: Anbieterstrategien, Kundenbedürfnisse und Wertschöpfungsstrukturen, Gabler Verlag, Wiesbaden, 1. Aufl. 2010, S. 196-197.

[82] Siehe *Armbrust, Michael/Fox, Armando/Griffith, Rean/Joseph, Anthony D./Katz, Randy Konwinski, Andy/Lee, Gunho/Patterson, Gunho/Rabkin, Ariel/Stoica, Ion/Zaharia, Matei*, Above the Clouds: A Berkeley View of Cloud Computing, Februar 2009, http://www.eecs.berkeley.edu/Pubs/TechRpts/2009/EECS-2009-28.pdf (2011-02-06, 18:28 MEZ), S. 14.

[83] Vgl. *Armbrust, Michael/Fox, Armando/Griffith, Rean/Joseph, Anthony D./Katz, Randy Konwinski, Andy/Lee, Gunho/Patterson, Gunho/Rabkin, Ariel/Stoica, Ion/Zaharia, Matei*, Above the Clouds: A Berkeley View of

3   Die Übertragung von großen Datenmengen in die Cloud und aus der Cloud kann nach
    Armbrust et al. aufgrund der begrenzten Datenübertragungsbandbreiten im Internet
    Tage dauern. Abhilfe kann hier das Verschicken von Daten auf physikalischen
    Datenträgern bringen, was deutlich schneller und günstiger möglich sein kann.[84]

4   Größere Anforderungen an Skalierung, Verfügbarkeit und Sicherheit von
    Kommunikationsnetzwerken, speziell an die Latenzzeiten der Netzwerke, aber auch an
    Fehlertoleranz und alternative (Backup-)Verbindungen.[85]

5   Die Verwaltung und Steuerung von Cloud-Dienstleistungen ist eine weitere
    Herausforderung für die Mitarbeiter eines Unternehmens und erfordert zusätzliche
    Qualifikationen.[86] Erfolg und Misserfolg des Cloud Computing müssen überwacht
    werden.[87]

6   Die PaaS- oder SaaS-Anwender sind möglicherweise gar nicht in der Lage neue
    Funktionen des Angebotes zu nutzen, wenn die Neuerungen in zu kurzen
    Zeitabständen erfolgen und die Anwender so überfordert werden.[88]

7   Durch den Einsatz von SaaS verändert sich der Fokus des Benutzerservice in Richtung
    der Verarbeitung von SaaS-Innovationen. Dabei müssen neue Funktionen der
    Software erst getestet, dann dokumentiert und schließlich die Anwender geschult
    werden. Darüber hinaus muss der Support des SaaS-Anbieters in den Support des
    Unternehmens integriert werden.[89]

Cloud Computing, Februar 2009, http://www.eecs.berkeley.edu/Pubs/TechRpts/2009/EECS-2009-28.pdf (2011-02-06, 18:28 MEZ), S. 14.

[84] Vgl. *Armbrust, Michael/Fox, Armando/Griffith, Rean/Joseph, Anthony D./Katz, Randy Konwinski, Andy/Lee, Gunho/Patterson, Gunho/Rabkin, Ariel/Stoica, Ion/Zaharia, Matei*, Above the Clouds: A Berkeley View of Cloud Computing, Februar 2009, http://www.eecs.berkeley.edu/Pubs/TechRpts/2009/EECS-2009-28.pdf (2011-02-06, 18:28 MEZ), S. 16.

[85] Vgl. *Krcmar, Helmut*, Informationsmanagement, Springer-Verlag, Berlin und Heidelberg, 5. Aufl. 2010, S. 702.

[86] Vgl. *Krcmar, Helmut*, Informationsmanagement, Springer-Verlag, Berlin und Heidelberg, 5. Aufl. 2010, S. 703.

[87] Siehe zur Überwachung von Outsourcing Projekten *Hodel, Marcus/Berger, Alexander/Risi, Peter*, Outsourcing realisieren: Vorgehen für IT und Geschäftsprozesse zur nachhaltigen Steigerung des Unternehmenserfolgs, Vieweg Verlag, Wiesbaden, 2. Aufl. 2006, S. 9.

[88] Siehe *Leadley, Brenda/Müller, Andreas/Servatius, Kurt*, Using SaaS at Allianz to Support Global HR Processses, in: *Benlian, Alexander/Hess, Thomas/Buxmann, Peter (Hrsg.)*, Software-as-a-Service: Anbieterstrategien, Kundenbedürfnisse und Wertschöpfungsstrukturen, Gabler Verlag, Wiesbaden, 1. Aufl. 2010, S. 199.

[89] Vgl. *Leadley, Brenda/Müller, Andreas/Servatius, Kurt*, Using SaaS at Allianz to Support Global HR Processses, in: *Benlian, Alexander/Hess, Thomas/Buxmann, Peter (Hrsg.)*, Software-as-a-Service: Anbieterstrategien, Kundenbedürfnisse und Wertschöpfungsstrukturen, Gabler Verlag, Wiesbaden, 1. Aufl. 2010, S. 203.

8 Nach Spindler sollten Standardvertragsklauseln der EU im Vertrag mit dem Anbieter verwendet werden, um ein angemessenes Datenschutzniveau sicherzustellen, wenn personenbezogene Daten verarbeitet werden und sich der Anbieter außerhalb der EU in einem Land befindet, dass von der EU-Kommission nicht als gleichwertig hinsichtlich seines Datenschutzniveaus anerkannt ist.[90]

9 Datenmodell und Schnittstellen des Anbieters sollten so gestaltet sein, dass ein Anbieterwechsel mit möglichst geringem Aufwand möglich ist.[91]

10 Nach Leadley et al. ist es nach EU-Datenschutzrecht notwendig, persönliche Daten, die nicht mehr zu dem Zweck benötigt werden, für den sie ursprünglich erhoben wurden, zu löschen. Nach US-Recht müssen diese Daten für bis zu 10 Jahre verfügbar gehalten werden. Daraus ergeben sich besondere Herausforderungen für den Umgang mit persönlichen Daten.[92]

11 Beim Fremdbezug von Cloud-Dienstleistungen sollte es immer eine Exit-Strategie geben, um die Dienstleistung wieder selbst erstellen zu können oder den Wechsel zu einem anderen Anbieter zu ermöglichen. Es ist wichtig, bereits vor Vertragsabschluss die entsprechenden Modalitäten zu kennen und sie bereits in der Entscheidungsphase zu berücksichtigen.[93]

12 Hodel et al. weisen darauf hin, dass mangelnde oder ungenügende Kommunikation ein regelmäßig gemachter Fehler bei ASP-Outsourcing-Projekten ist, die die Motivation der Mitarbeiter senkt. Um diesen Aspekt zu berücksichtigen, empfehlen sie einen erfahrenen externen Change Management-Coach im Projektteam vorzusehen, der neutral zwischen Mitarbeitern und Projektleitung vermitteln kann.[94] Da es sich bei ASP um das Vorgängermodell zu SaaS handelt, kann davon ausgegangen werden, dass diese Erkenntnisse von Hodel et al. auch für SaaS und unter Berücksichtigung der speziellen Voraussetzungen der anderen Cloud-Dienstleistungen auch für diese gelten.

---

[90] Vgl. *Spindler, Gerald*, Rechtliche Rahmenbedingungen des „Software as a Service"-Konzepts, in: *Benlian, Alexander/Hess, Thomas/Buxmann, Peter (Hrsg.)*, Software-as-a-Service: Anbieterstrategien, Kundenbedürfnisse und Wertschöpfungsstrukturen, Gabler Verlag, Wiesbaden, 1. Aufl. 2010, S. 18.

[91] Siehe *Leadley, Brenda/Müller, Andreas/Servatius, Kurt*, Using SaaS at Allianz to Support Global HR Processses, in: *Benlian, Alexander/Hess, Thomas/Buxmann, Peter (Hrsg.)*, Software-as-a-Service: Anbieterstrategien, Kundenbedürfnisse und Wertschöpfungsstrukturen, Gabler Verlag, Wiesbaden, 1. Aufl. 2010, S. 198.

[92] Vgl. *Leadley, Brenda/Müller, Andreas/Servatius, Kurt*, Using SaaS at Allianz to Support Global HR Processses, in: *Benlian, Alexander/Hess, Thomas/Buxmann, Peter (Hrsg.)*, Software-as-a-Service: Anbieterstrategien, Kundenbedürfnisse und Wertschöpfungsstrukturen, Gabler Verlag, Wiesbaden, 1. Aufl. 2010, S. 202.

[93] Siehe *Hodel, Marcus/Berger, Alexander/Risi, Peter*, Outsourcing realisieren: Vorgehen für IT und Geschäftsprozesse zur nachhaltigen Steigerung des Unternehmenserfolgs, Vieweg Verlag, Wiesbaden, 2. Aufl. 2006, S. 184.

[94] Vgl. *Hodel, Marcus/Berger, Alexander/Risi, Peter*, Outsourcing realisieren: Vorgehen für IT und Geschäftsprozesse zur nachhaltigen Steigerung des Unternehmenserfolgs, Vieweg Verlag, Wiesbaden, 2. Aufl. 2006, S. 187.

Schlussbetrachtung

Cloud Computing ist ein innovatives Dienstleistungskonzept, dass Informationssysteme ermöglicht, die flexibler, kostengünstiger und leistungsfähiger als traditionelle Systeme sein können. Diesen Vorteilen stehen aber auch vielfältige Risiken und ungelöste Herausforderungen gegenüber.

Für die Hypothese, dass in den nächsten Jahren traditionelle Informationssysteme weitgehend durch Public Cloud-Dienste ersetzt werden, gibt es keine Hinweise. In der Vergangenheit wurden etablierte Techniken, die in IT-Infrastrukturen zum Einsatz kamen, nicht komplett durch neue Techniken verdrängt. Vielmehr wurden die vorhandenen IT-Infrastrukturen durch neue Techniken ergänzt und viele alte Techniken sind in modernisierter Form noch heute im Einsatz. Auch stellen die Risiken und offenen Herausforderungen derzeit noch ein großes Hindernis für die Nutzung von Public Cloud Computing dar. Aus diesem Grund kann man davon ausgehen, dass viele Unternehmen vorerst ihre Informationssysteme noch nicht durch Public Cloud-Dienste ersetzen werden.

Weitere Informationen zu diesem Thema finden Sie in: „Cloud Computing: Betriebswirtschaftliche Aspekte bei der Einführung" von Frederik Geier.
ISBN: 978-3-640-93373-0
http://www.grin.com/de/e-book/173090/

Literaturverzeichnis (inklusive weiterführender Literatur)

Bücher

Abts, Dietmar/Mülder, Wilhelm, Grundkurs Wirtschaftsinformatik: Eine kompakte und praxisorientierte Einführung, Vieweg+Teubner, Wiesbaden, 6. überarbeitete und erweiterte Auflage 2009

Alisch, Katrin/Arentzen, Ute/Winter, Eggert (Hrsg.), Gabler Wirtschaftslexikon, Gabler Verlag, Wiesbaden, 16. vollständig überarbeitete und aktualisierte Auflage 2004

Association for Computing Machinery (Hrsg.), Proceedings of the Joint ERCIM Workshop on Software Evolution (EVOL) and International Workshop on Principles of Software Evolution (IWPSE): IWPSE EVOL 2010, Association for Computing Machinery, New York, 1. Auflage 2010

Baun, Christian/Kunze, Marcel/Nimis, Jens/Tai, Stefan, Cloud Computing: Web-basierte dynamische IT-Services, Springer-Verlag, Berlin und Heidelberg, 1. Auflage 2010

Benlian, Alexander/Hess, Thomas/Buxmann, Peter (Hrsg.), Software-as-a-Service: Anbieterstrategien, Kundenbedürfnisse und Wertschöpfungsstrukturen, Gabler Verlag, Wiesbaden, 1. Auflage 2010

Chang, William Y./Abu-Amara, Hosame/Sanford, Jessica Feng, Transforming Enterprise Cloud Services, Springer-Verlag, Dordrecht, Heidelberg, London und New York, 1. Auflage 2010

Eberspächer, Jörg/von Reden, Wolf (Hrsg.), Green ICT: Sparsam rechnen und kommunizieren?, Münchner Kreis, München, 1. Auflage 2008

Goldworm, Barb/Skamarock, Anne, Blade Servers and Virtualization: Transforming Enterprise Computing while Cutting Costs, Wiley Publishing, Indianapolis, 1. Aufl. 2007

Götze, Uwe, Investitionsrechnung: Modelle und Analysen zur Beurteilung von Investitionsvorhaben, Springer-Verlag, Berlin und Heidelberg, 6. durchgesehene und aktualisierte Auflage 2008

Herzwurm, Georg/Mikusz, Martin (Hrsg.), Industrialisierung des Software-Managements: Fachtagung des GI-Fachausschusses Management der Anwendungsentwicklung und -wartung im Fachbereich Wirtschaftsinformatik (WI-MAW) 12. - 14. November 2008 in Stuttgart, Gesellschaft für Informatik, Bonn, 1. Auflage 2008

Hodel, Marcus/Berger, Alexander/Risi, Peter, Outsourcing realisieren: Vorgehen für IT und Geschäftsprozesse zur nachhaltigen Steigerung des Unternehmenserfolgs, Vieweg Verlag, Wiesbaden, 2. verbesserte und erweiterte Auflage 2006

IEEE (Hrsg.), The 10th IEEE International Conference on High Performance Computing and Communications, IEEE, Los Alamitos, Piscataway und Tokyo, 1. Auflage 2008

Jaatun, Martin Gilje/Zhao, Gansen/Rong, Chunming (Hrsg.), Cloud Computing: First International Conference, CloudCom 2009 Beijing, China, December 2009 Proceedings, Springer-Verlag, Berlin und Heidelberg, 1. Auflage 2009

Keuper, Frank/Wagner, Bernd/Wysuwa, Hans-Dieter (Hrsg.), Managed Services: IT-Sourcing der nächsten Generation, Gabler, Wiesbaden, 1. Auflage 2009

Klimmer, Matthias, Unternehmensorganisation: Eine kompakte und praxisnahe Einführung, Verlag Neue Wirtschafts-Briefe, Herne, 2. Auflage 2009

Krcmar, Helmut, Informationsmanagement, Springer-Verlag, Berlin und Heidelberg, 5. Auflage 2010

Laudon, Kenneth C./Laudon, Jane P./Schoder, Detlef, Wirtschaftsinformatik: Eine Einführung, Pearson Studium, München, 2. Auflage 2010

Osterloh, Margit/Frost, Jetta, Prozessmanagement als Kernkompetenz: Wie Sie Business Reengineering strategisch nutzen können, Gabler Verlag, Wiesbaden, 5. überarbeitete Auflage 2006

Schierenbeck, Henner, Grundzüge der Betriebswirtschaftslehre, R. Oldenbourg Verlag, München und Wien, 15. überarbeitete und erweiterte Auflage 2000

Smith, James E./Nair, Ravi, Virtual Machines: Versatile platforms for systems and processes, Morgan Kaufmann Publishers, San Francisco, 1. Auflage 2005

Sommerville, Ian, Software Engineering, Pearson Studium, München, 8. aktualisierte Auflage 2007

Stahlknecht, Peter/Hasenkamp, Ullrich, Einführung in die Wirtschaftsinformatik, Springer, Berlin und Heidelberg, 11. Auflage 2005

Stanovska-Slabeva, Katarina/Wozniak, Thomas/Ristol, Santi (Hrsg.), Grid and Cloud Computing: A Business Perspective on Technology and Applications, Springer-Verlag, Berlin und Heidelberg, 1. Auflage 2010

Wallmüller, Ernest, Software-Qualitätsmanagement in der Praxis: Software-Qualität durch Führung und Verbesserung von Software-Prozessen, Carl Hanser Verlag, München und Wien, 2. völlig überarbeitete Auflage 2001

Weinhardt, Christof/Luckner, Stefan/Stößer, Jochen (Hrsg.), Designing E-Business Systems. Markets, Services, and Networks, Springer-Verlag, Berlin und Heidelberg, 1. Auflage 2009

Yurcik, William/Brumbaugh, Larry/Zhou, Yuanyuan (Hrsg.), StorageSS'05: Proceedings of the 2005 ACM Workshop on Storage Security and Survivability, Association for Computing Machinery, New York, 1. Auflage 2005

Zarnekow, Rüdiger/Brenner, Walter/Grohmann, Helmut H. (Hrsg.), Informationsmanagement: Konzepte und Strategien für die Praxis, dpunkt.verlag, Heidelberg, 1. Auflage 2004

Zollondz, Hans-Dieter, Grundlagen Qualitätsmanagement: Einführung in Geschichte, Begriffe, Systeme und Konzepte, R. Oldenbourg Verlag, München und Wien, 2. vollständig überarbeitete und erweiterte Auflage 2006

Internet

Armbrust, Michael/Fox, Armando/Griffith, Rean/Joseph, Anthony D./Katz, Randy Konwinski, Andy/Lee, Gunho/Patterson, Gunho/Rabkin, Ariel/Stoica, Ion/Zaharia, Matei, Above the Clouds: A Berkeley View of Cloud Computing, Februar 2009, http://www.eecs.berkeley.edu/Pubs/TechRpts/2009/EECS-2009-28.pdf (2011-02-06, 18:28 MEZ)

Bogatin, Donna, Google CEO's new paradigm: 'cloud computing and advertising go hand-in-hand', August 2006, http://www.zdnet.com/blog/micro-markets/google-ceos-new-paradigm-cloud-computing-and-advertising-go-hand-in-hand/369 (2011-02-09, 11:43 MEZ)

Bundesamt für Sicherheit in der Informationstechnik (Hrsg.), BSI-Mindestsicherheitsanforderungen an Cloud-Computing-Anbieter, September 2010,
https://www.bsi.bund.de/SharedDocs/Downloads/DE/BSI/Publikationen/Sonstige/Cloud_Com puting_MiMindestsicherheitsanforderung.pdf?__blob=publicationFile#download=1 (2011-01-18, 11:15 MEZ)

Bundesministerium für Wirtschaft und Technologie (BMWi) (Hrsg.), Aktionsprogramm Cloud Computing: Eine Allianz aus Wirtschaft, Wissenschaft und Politik, Oktober 2010, http://www.bmwi.de/BMWi/Redaktion/PDF/Publikationen/Technologie-und-Innovation/aktionsprogramm-cloud-computing,property=pdf,bereich=bmwi,sprache=de,rwb=true.pdf (2010-11-19, 16:51 MEZ)

Bundesrechnungshof (Hrsg), Leitsätze für die Prüfung von IuK-Outsourcing, ohne Datum, http://bundesrechnungshof.de/veroeffentlichungen/broschuere/dateien/leitsaetze_iuk_outsourcing.p df (2011-02-19, 17:25 MEZ)

Bundesverband Informationswirtschaft, Telekommunikation und neue Medien e. V. (BITKOM) (Hrsg.), Cloud Computing - Evolution in der Technik, Revolution im Business, Oktober 2009, http://www.bitkom.org/files/documents/BITKOM-Leitfaden-CloudComputing_Web.pdf (2010-07-24, 11:26 MEZ)

Bundesverband Informationswirtschaft, Telekommunikation und neue Medien e. V. (BITKOM) (Hrsg.), Terminologie Outsourcing - Vorschlag zur Vereinheitlichung von Begriffsinhalten im Outsourcing-Umfeld, 2008, http://www.bitkom.org/files/documents/leitfaden_outsourcing-terminologie.pdf (2011-01-05, 16:59 MEZ)

Catteddu, Daniele (Hrsg.), Security & Resilience in Governmental Clouds - Making an informed decision, Januar 2011, http://www.enisa.europa.eu/act/rm/emerging-and-future-risk/deliverables/security-and-resilience-in-governmental-clouds/at_download/fullReport (2011-01-17, 10:30 MEZ)

Deutsche Messe AG (Hrsg.), Top-Thema der CeBIT 2011: "Work and Life with the Cloud", ohne Datum, http://www.cebit.de/de/ueber-die-messe/daten-und-fakten/die-cebit-2011/cloud-computing-top-thema (2011-03-05, 15:19 MEZ)

Fenn, Jackie, Hype Cycle - for Emerging Technologies, 2010, August 2010, http://www.gartnerinsight.com/download/HypeCycle_EmergingTechnologies2010.pdf (2011-01-31, 10:04 MEZ)

Fenn, Jackie/Gammage, Brian/Raskino, Mark, Gartner's Hype Cycle Special Report for 2010, August 2010,
http://www.gartner.com/resources/205800/205839/gartners_hype_cycle_special__205839.pdf (2010-11-04, 11:05 MEZ)

Gabler Verlag (Hrsg.), Gabler Wirtschaftslexikon, Stichwort: Business Continuity, Version 5, http://wirtschaftslexikon.gabler.de/Definition/business-continuity.html (2011-02-22, 11:53 MEZ)

Gartner, Inc. (Hrsg.), Gartner Says Contrasting Views on Cloud Computing Are Creating Confusion, September 2008, http://www.gartner.com/it/page.jsp?id=766215 (2011-02-06, 18:04 MEZ)

Gartner, Inc, Gartner Says Worldwide Cloud Services Market to Surpass \$68 Billion in 2010, Juni 2010, http://www.gartner.com/it/page.jsp?id=1389313 (2010-08-17, 15:31 MEZ)

Gens, Frank, Defining "Cloud Services" and "Cloud Computing", September 2008, http://blogs.idc.com/ie/?p=190 (2011-02-06, 17:48 MEZ)

Haas, Hugo/Brown, Allen, Web Services Glossary, Februar 2004, http://www.w3.org/TR/2004/NOTE-ws-gloss-20040211/ (2011-02-10, 11:33 MEZ)

Harms, Rolf/Yamartino, Michael, The Economics of the Cloud, November 2010, http://download.microsoft.com/download/1/6/9/16912B00-9E9C-4CF9-8DFE-B368BD2B39E0/Enterprise_Cloud_Economics.pdf (2010-11-17, 16:39 MEZ)

Hewlett-Packard Development Company L.P., What is a Blade - BladeSystem?, http://h18004.www1.hp.com/products/blades/info/what-is-a-blade.html (2010-07-29, 11:22 MEZ)

Internet Systems Consortium (Hrsg.), Internet host count history: Number of Internet Hosts, https://www.isc.org/solutions/survey/history (2010-07-27, 12:16 MEZ)

Knermann, Christian/Hiebel, Markus/Pflaum, Hartmut/Rettweiler, Manuela/Schröder, Andreas, Studie: Ökologischer Vergleich der Klimarelevanz von PC und Thin Client Arbeitsplatzgeräten 2008, April 2008, http://it.umsicht.fraunhofer.de/TCecology/docs/TCecology2008_de.pdf (2010-07-23, 17:35 MEZ)

Knöchling, Christoph/Knermann, Christian, PC vs. Thin Client: Wirtschaftlichkeitsbetrachtung, Februar 2008, http://cc-asp.fraunhofer.de/docs/PCvsTC-de.pdf (2010-07-23, 17:26 MEZ)

Kurzlechner, Werner, Belastbare ROI-Szenarien fehlen noch: Cloud Computing sucht CFOs, Juli 2010, http://www.cio.de/_misc/article/printoverview/index.cfm?pid=451&pk=2240334&op=prnt (2010-07-19, 11:59 MEZ)

Mell, Peter/Grace, Tim, The NIST Definition of Cloud Computing, Version 15, Juli 2010, http://csrc.nist.gov/groups/SNS/cloud-computing/cloud-def-v15.doc (2010-07-13, 11:29 MEZ)

Microsoft Corporation, Microsoft System Center Virtual Machine Manger 2008 R2, 2009, http://download.microsoft.com/download/A/8/1/A8170460-29E4-4DFC-AF4D-065B7E5150C6/Datenblatt_VMM_2008_R2_de.pdf (2010-08-03, 12:55 MEZ)

Red Hat, Inc., Virtual Machine Manager, http://virt-manager.org/ (2010-08-03, 13:09 MEZ)

Shields, Greg, Der schnelle Weg zur Wahl der richtigen Virtualisierungslösung, http://www.parallels.com/r/pdfs/vz/ebook/SGSRVS-DE.pdf (2010-08-03, 17:20 MEZ)

T-Systems Enterprise Services GmbH (Hrsg.), White Paper Cloud Computing I. Alternative Sourcing-Strategie für Unternehmens-ICT., http://download.sczm.t-systems.de/ContentPool/de/StaticPage/61/17/50/611750_WhitePaper_Cloud-Computing-I-ps.pdf?client=t-systems.de (2011-01-25, 16:04 MEZ)

U.S. Environmental Protection Agency ENERGY STAR Program, Report to Congress on Server and Data Center Energy Efficiency: Public Law 109-431, 2.August 2007, http://www.energystar.gov/ia/partners/prod_development/downloads/EPA_Datacenter_Report_Co ngress_Final1.pdf (2010-08-11, 10:48 MEZ)

von Jouanne-Diedrich, Holger, Die ephorie.de IT-Sourcing-Map v3.0 - Die Orientierungshilfe im stetig wachsenden Dschungel der Outsourcing-Konzepte, http://www.ephorie.de/it-sourcing-map.htm (2011-01-05, 17:08 MEZ)

Weiner, Nico, Geschäftsmodelle im Internet der Dienste: Trends und Entwicklungen auf dem deutschen IT-Markt, http://s3.amazonaws.com/ppt-download/geschaeftsmodelleiminternetderdienste-trendsundentw-100721021447-phpapp01.pdf?Signature=Ys%2FH8lxNxPZq9Zb30CPYm6Gx3Ks%3D&Expires=1279794301&AWSAccessKeyId=AKIAJLJT267DEGKZDHEQ (2010-07-20, 12:23 MEZ)

Fachzeitschriften

Benlian, Alexander/Hess, Thomas/Wigand, Rolf T., SaaS und Servicequalität – werden die Kundenerwartungen erfüllt?, in: Wirtschaftsinformatik & Management, Band 2, November 2010, Heft 6, S. 18-25

Böhm, Markus/Herzog, Andreas/Riedl, Christoph/Leimeister, Stefanie/Krcmar, Helmut, Cloud Computing als Treiber der IT-Industrialisierung? Ein Vergleich mit der Automobilbranche, in: Information Management & Consulting, Band 25, 2010, Heft 4, S. 46-54

Böhm, Markus/Leimeister, Stefanie/Riedl, Christoph/Krcmar, Helmut, Cloud Computing: Outsourcing 2.0 oder ein neues Geschäftsmodell zur Bereitstellung von IT-Ressourcen?, in: Information Management & Consulting, Band 24, 2009, Heft 2, S. 6-14

Creeger, Mache, Cloud Computing: An Overview, Queue - Distributed Computing, Band 7, Juni 2009, Heft 5, Artikel 2, S. 1-5.

Eddolls, Trevor, life begins at 45, in: Engineering & Technology, Band 4, 21.November - 4.Dezember 2009, Heft 20, S. 58-59

Gesellschaft für Informatik e.V. (GI), GI stellt zehn Thesen zu Sicherheit und Datenschutz in Cloud Computing vor (1. Dezember 2010), in: Informatik Spektrum, Band 34, Februar 2011, Heft 1, S. 111-112

Hanschke, Inge, Services aus Geschäftsanforderungen ableiten, in: Wirtschaftsinformatik & Management, Band 2, November 2010, Heft 6, S. 50-54

Henneberger, Matthias/Strebel, Jörg/Garzotto, Fabio, Ein Entscheidungsmodell für den Einsatz von Cloud Computing im Unternehmen, in: HMD - Praxis der Wirtschaftsinformatik, Oktober 2010, Heft 275, S. 76-84

Moore, Gordon E., Cramming More Components onto Integrated Circuits, in: Electronics, Band 38, 19. April 1965, Heft 8

Ripper, Jörg, E-Mail-Archivierung: Revisionssicher ist nicht gleich rechtskonform!, in: Wirtschaftsinformatik & Management, Band 2, November 2010, Heft 6, S. 44-49

Sotomayor, Borja/Montero, Rubén S./Llorente, Ignacio M./Foster, Ian, Virtual Infrastructure Management in Private and Hybrid Clouds, in: IEEE Internet Computing, Band 3, September und Oktober 2009, Heft 5, S. 14-22

Van Cleeff, André/Pieters, Wolter/Wieringa, Roel, Security Implications of Virtualization: A Literature Study, in: 2009 International Conference on Computational Science and Engineering, 3. Band, Oktober 2009, Heft 4, S. 353-358

Vaquero, Luis M./Rodero-Merino, Luis/Caceres, Juan/Lindner, Maik, A Break in the Clouds: Towards a Cloud Definition, in: ACM SIGCOMM Computer Communication Review, Band 39, Januar 2009, Heft 1, S. 50-55

Vogels, Werner, Beyond Server Consolidation, in: Queue, Band 6, Januar/Februar 2008, Heft 1, S. 20-26

von Jouanne-Diedrich, Holger/Zarnekow, Rüdiger/Brenner, Walter, Industrialisierung des IT-Sourcings, in: HMD - Praxis der Wirtschaftsinformatik, Oktober 2005, Heft 245, S. 18-27

Walter, Sven Markus/Böhmann, Tilo/Krcmar, Helmut, Industrialisierung der IT – Grundlagen, Merkmale und Ausprägungen eines Trends, in: HMD - Praxis der Wirtschaftsinformatik, August 2007, Heft 256, S. 6-16